Tina Willms

# Vom Himmel reich gesegnet

## Alles Gute zum Geburtstag



Agentur des Rauhen Hauses Hamburg

Geburtstag: Ein Tag, an dem viele gute Worte Sie erreichen. Freunde und Angehörige beglückwünschen Sie, schreiben Segenswünsche auf Karten und überreichen sie Ihnen, oft zusammen mit Blumen oder einem anderen sorgsam ausgesuchten Geschenk. Solche Worte tun gut. In ihnen ist so viel Liebe versteckt.

*ein Lied*

Ich möchte Ihnen heute ein Lied schenken: „Wer nur den lieben Gott lässt walten".

Es steht im Evangelischen Gesangbuch. Geschrieben und mit einer Melodie versehen hat es der Dichter Georg Neumark im Jahr 1657.

Wahrscheinlich kennen Sie es, möglicherweise noch aus Kindertagen oder aus dem Konfirmandenunterricht. Wer weiß: Vielleicht hat es Sie auch begleitet – an besonderen Tagen, in der Familie oder in einem Gottesdienst.

Es mag sein, dass der Text heute ein wenig altertümlich erscheint und die Verse Ihnen fremd vorkommen.

Immerhin hat das Lied schon einige Jahrhunderte erlebt und ganz unterschiedliche Zeiten gesehen. Trotzdem wird es bis heute gesungen, und so spricht es wohl vielen Menschen immer noch aus dem Herzen.

Ein Lied kann man aus ganz verschiedenen Gründen singen: aus Überzeugung oder auch aus Hoffnung. Man kann es trotz und manchmal vielleicht auch wegen der eigenen Fragen und Zweifel singen.

# Wer nur den lieben Gott lässt walten …

*... und hoffet auf ihn allezeit,*
*den wird er wunderbar erhalten*
*in aller Not und Traurigkeit.*
*Wer Gott, dem Allerhöchsten traut,*
*der hat auf keinen Sand gebaut.*

*so viele haben sie*
*vor mir gesungen*

Mir selbst tut es gut, mich gelegentlich
in alte Worte hineinfallen zu lassen.
So viele Menschen haben sie vor mir
gesagt und gesungen.
Auch, wenn ich nicht immer zustimme,
auch wenn ich manchmal ins Zweifeln komme,
spreche ich sie nach und singe sie mit.

Und manchmal spüre ich:
Sie schenken mir Mut; sie tragen.
Weil sie mir sagen, dass kein Mensch
allein für alles einsteht.
Weil andere da sind, die mit mir
und manchmal auch für mich singen.

# Himmel und Erde

Mein Lebenshaus bauen
auf das Fundament einer Liebe,
die über mich hinausgeht.

Weiter reicht sie,
als der Himmel ist.
Länger währt sie
als unsere Zeit.

Guten Boden habe ich
unter den Füßen
und den Himmel
als Dach über mir,
wenn ich baue
auf Gottes
verlässliches Wort.

Gott der Liebe,
in den sonnigen Zeiten
spüre ich deine Nähe
oft ganz unmittelbar.

Lass mich auch
in den stürmischen Zeiten
nicht allein.
Stärke und stütze mich,
schenk mir die Kraft,
die ich brauche,
um dem Sturm standzuhalten
und ihn zu überstehen.

Amen.

Gott

*Gott ist die Liebe;*
*und wer in der Liebe bleibt,*
*der bleibt in Gott*
*und Gott in ihm.*

*1. Johannes 4, 16b*

ist die Liebe

# allein

Ich glaube, dass Gott aus allem,
auch aus dem Bösesten,
Gutes entstehen lassen kann und will.
Dafür braucht er Menschen,
die sich alle Dinge
zum Besten dienen lassen.
Ich glaube, dass Gott uns in jeder Notlage
soviel Widerstandskraft geben will,
wie wir brauchen.

# auf ihn verlassen

*Aber er gibt sie nicht im Voraus,*
*damit wir uns nicht auf uns selbst,*
*sondern allein auf ihn verlassen.*
*In solchem Glauben müsste alle Angst*
*vor der Zukunft überwunden sein.*
*Ich glaube, dass Gott kein zeitloses Schicksal ist,*
*sondern dass er auf aufrichtige Gebete*
*und verantwortliche Taten*
*wartet und antwortet.*

*Dietrich Bonhoeffer*

# Was helfen uns die schweren Sorgen ...

*… was hilft uns unser Weh und Ach?*
*Was hilft es, dass wir alle Morgen*
*beseufzen unser Ungemach?*
*Wir machen unser Kreuz und Leid*
*nur größer durch die Traurigkeit.*

Es gibt eine Sorte Sorgen, mit denen ich mir das Leben unnötig schwer mache. Es sind die Sorgen um das, was ich weder in der Hand habe noch ändern kann.

Gerade diese Sorgen haben eine erstaunliche Aufdringlichkeit. Sie kreisen in meinem Kopf – genau dann, wenn ich es mir gemütlich machen möchte. Sie halten mir Bilder vor Augen, die ich nicht sehen möchte. Oft hindern sie mich daran, in Ruhe einzuschlafen. Oder sie wecken mich sogar in der Nacht und bedrängen mich.

Ob Jesus diese Sorgen meint, wenn er von den Lilien auf dem Feld und den Vögeln unter dem Himmel erzählt?

*Sorgt nicht für morgen,
denn der morgige Tag
wird für das Seine sorgen.*

*Matthäus 6, 34*

sorgt nicht

die Welt

Die Bilder, die uns Jesus vor Augen malt, sind – anders als die Sorgen – so zart und leicht. Lilien auf dem Felde: Sie blühen in zauberhaften Farben. Vögel unter dem Himmel: Sie schwingen sich auf, fliegen frei ins Blaue.

Die Sorgen loslassen wird nicht immer gelingen. Aber das Bild einer singenden Lerche oder einer blühenden Lilie holt mich vielleicht aus dem Kreisen um mich selbst und erinnert mich: Gott hält die Welt in seinen Händen, auch mich.

*in seinen Händen*

*Seht die Vögel unter dem Himmel an:
sie säen nicht, sie ernten nicht,
sie sammeln nicht in die Scheunen;
und euer himmlischer Vater
ernährt sie doch.*

*Schaut die Lilien auf dem Feld an,
wie sie wachsen:
sie arbeiten nicht,
auch spinnen sie nicht.
Ich sage euch, dass auch Salomo
in aller seiner Herrlichkeit
nicht gekleidet gewesen ist
wie eine von ihnen.*

*Matthäus 6, 26.28b-29*

# Einmal täglich

Die Sorgen hinwegsingen
wie die Lerche über den Feldern,
mich schwingen ins Weite.

Mich dem Himmel hinhalten
wie Lilien und Mohn,
ausgesetzt sein seinem Segen.

ins Weite

Guter Gott,
lass mich auch an den schweren Tagen
nicht nur um mich selbst kreisen.
Reiße meinen Blick los von den Sorgen,
die so hartnäckig an mir haften.
Löse mich aus den Gedanken,
die mich verstricken in Unlösbares.

schenke mir

Hilf mir, das loszulassen,
was ich nicht ändern kann,
schenke mir Gelassenheit im Blick
auf die kommenden Tage,
und gib mir den Humor,
mit dem ich mich
etwas leichter nehmen kann,
als ich bin.

Amen.

Gelassenheit

Man halte
nur ein wenig
stille …

*... und sei doch in sich selbst vergnügt,*
*wie unsers Gottes Gnadenwille,*
*wie sein Allwissenheit es fügt:*
*Gott, der uns sich hat auserwählt,*
*der weiß auch sehr wohl, was uns fehlt.*

Vergnügt sein – eine so schöne, fast schon altmodisch anmutende Wendung. Was bedeutet sie genau?

„Froh sein", „gute Laune haben" sind Umschreibungen. Aber sie treffen doch nicht so ganz. Im Vergnügen ist ebenso eine gewisse Gelassenheit, ein Sich-Begnügen, wie auch das bewusste Wahrnehmen eines schönen Augenblicks.

Wenn der Liedvers mich auffordert, in mir selbst vergnügt zu sein, so sagt er mir zugleich, dass ich etwas dafür tun kann, auf diese Weise froh zu werden. Ich schaue mich um und nehme wahr, was mich mit guter Laune erfüllt.

# Vergnügungen

Die erste Tasse Kaffee am Morgen,
der Duft einer gelben Rose,
tanzende Schneeflocken,
mutig sein.

Ein lieb gewonnenes Gesicht,
Mozarts Klarinettenkonzert,
freundliche Erinnerungen,
Dankbarkeit.

Klares, kühles Wasser,
Wind, der durch Baumwipfel streicht …

Was für ein bezaubernder
und gleichzeitig so unglaublicher Gedanke:
dass jeder einzelne Mensch
Gott am Herzen liegt.
Er legt nicht nur auf die Stärken Wert,
sondern sieht auch das,
was uns fehlt.
Er stellt sich als Helfer an unsere Seite.
Manchmal ist mir,
als spürte ich seine Hand.
Als lege er sie stärkend und stützend
auf meine Schulter.

als spürte ich
seine Hand

Ich wünsche dir,
dass du den Schatz deines Lebens
heben und würdigen kannst.
Einmal nur gibt es dich
auf der Welt.
Dein Lächeln,
deinen Händedruck,
deine Worte.
Was du erlebt hast,
ist einzigartig,
die Spuren, die du gelegt hast,
sind unverwechselbar.
Die Welt wäre anders,
du fehltest ihr,
wenn es dich nicht gäbe.

*einzigartig*

*Lobe den Herrn, meine Seele,
und vergiss nicht,
was er dir Gutes getan hat.*

*Psalm 103, 2*

Sing, bet und geh auf Gottes Wegen …

*... verricht das Deine nur getreu*
*und trau des Himmels reichem Segen,*
*so wird er bei dir werden neu.*
*Denn welcher seine Zuversicht*
*auf Gott setzt, den verlässt er nicht.*

Beten heißt: anzuerkennen, dass ich nicht für alles selber einstehen kann. So vieles verdanke ich nicht mir selber. Das fängt schon mit meinem Leben an. Menschen waren da, die mich gefördert und begleitet haben. Manches Glück fiel mir unverdient vor die Füße. Ich danke dem Himmel dafür.

So vieles habe nicht ich gemacht. Unverrückbar steht das Firmament über mir, und das Licht der Sonne scheint jeden Tag aufs Neue. Ich lobe den Schöpfer für seine lebendige Fantasie, die täglich das Leben neu erschafft.

*ich lobe den*

So vieles habe ich nicht in der Hand. Was wird das Morgen bringen? Manchmal habe ich Angst vor dem, was kommen wird. Ich bitte den, der sich Tröster nennt, um seinen Beistand und sein Geleit.

So vieles, was noch zu tun wäre. Ungezählte Menschen warten auf Hilfe, ihr Leben ist gefährdet und bedroht. Zärtlich und hilflos denke ich an sie und lege sie dem Gott, der die Liebe ist, ans Herz.

Schöpfer

Gott ist ein Gebet weit
von uns entfernt,
hat die Lyrikerin Nelly Sachs
einmal gesagt.

Warum nicht gelegentlich
auch gegen den eigenen Zweifel
beherzt ein Gebet
zum Himmel schicken?

wie das Sonnenlicht

Es gibt Tage, an denen ich verzagt bin und mir so winzig vorkomme. Was kann ich schon ausrichten mit meiner kleinen Kraft?

Wie gut tut mir der Gedanke, dass Gott nicht nur das Große, sondern auch das Kleine würdigt und achtet. Sein Segen ist wie das Sonnenlicht, das auch winzige Samenkörner zum Leben erweckt. Dann wächst eine duftende Blume heran. Früchte reifen und glänzen im Licht.

Was ich geben kann, ist wichtig. Und doch hängt nicht alles an mir. Ich will mit meiner kleinen Kraft das tun, was ich tun kann. Dann gebe ich es in Gottes Hände. Er wird etwas Gutes daraus machen. Und das ist genug.

# Dein Segen

Gott, dein Segen ist wie Sonnenlicht,
das leicht und warm
über meine Seele streicht.

Dein Segen lockt mich ins Leben,
er lässt mich wachsen und blühen
und stattet mich aus
mit zarter Kraft.

Am Ende staune ich
über das, was geworden ist.
und stimme ein, wenn du
leise dein „Ja" sagst
über mir.

*am Ende*

*Der Herr segne dich
und behüte dich;
der Herr lasse sein Angesicht
leuchten über dir
und sei dir gnädig;
der Herr hebe sein Angesicht
über dich
und gebe dir Frieden.*

*4. Mose 6,24-26*

staune ich

Dir vertraue ich mich an